प्रेम पाँखुरी

काव्य संग्रह

उषा शर्मा

परम पिता बिहारी जी महाराज ,

मेरे माता-पिता और बेटी प्रेरणा

जिनके सहयोग ते आज मैं

साहित्य जगत रूपी आकाश कौ

एक सितारौ

बन पाई हूँ ।

*

*

*

*

*

*

*

*

*

पुस्तक.
प्रेम पाँखुरी (काव्य संग्रह)

लेखिका

उषा शर्मा

प्रथम संस्करण. .2022
मूल्य. बैक आवरण पर मुद्रित है

प्रकाशक वितरक.
एक्सप्रेस पब्लिशिंग
नम्बर.8ए 3.क्रासस्ट्रीट
तमिलनाडु 600004 ;मद्रास
फोन,91 44 46315631

क्रम-सूची

क्रम-सूची

क्रम-सूची

प्रस्तावना

जा ब्रजभासा काब्य संग्रह मूल रूप ते ब्रजभासा के सब्दन तेई सजायौ गयौ ए, परंतु कहूं कहूं आवस्यक हैबे पै उर्दू औ खड़ी बोली के सब्दन कौउ सहारौ लियौ गयौ ए, कछु सब्द क्षेत्र अनुसार लिखबे औ बोलबे में भिन्न दिख रए ऐं, परंतु इनकौ अर्थ औ भाब सहज समझ में आय जाबै।

जा ब्रजभासा काब्य संग्रह में जहां एक ओर भक्ति रस में ठाकुर जी की आराधना हतै, वहीं दूसरी ओर सिंगार रस में प्रियतम ते विरह की वेदना हु हतै। सरसती बंदना औ गनेस बंदना के संगई मातपिता कूं नमन हतै तौ बिटिया कूं नेह और प्यार हु हतै। ठाकुर जी ताईं पुकार हतै तौ कछु गीत गजल हु हतें।

भूमिका

समस्त पाठकन कूं

जय श्री कृष्णा, जय राधे....

ऊषा शरमा जी के या ब्रजभासा काव्य संगृह की पांडुलिपि पढ़िबे कूं मिली,

याय पढ़ि कैं हृदय गदगद है गयौ। आज की मिती में जब आपुहम के

बोलबे लिखबे में ते ब्रजभासा लुप्त सी भई जाय रई ए, तौ जोऊ जामैं

लिखिबे_बोलबे कौ प्रयास कर रयौ ए, बाकी प्रसंसा हौनी चहिएं और

उत्साहवर्धन करनौ चहिएं।

जे ब्रजभासा काब्य संगृह मूल रूप ते ब्रजभासा के सब्दन तेई सजायौ गयौ ए, परंतु कहूं कहूं आवस्यक हैबे पै उर्दू औ खड़ी बोली के सब्दन कौऊ सहारौ लियौ गयौ ए, कछु सब्द क्षेत्र अनुसार लिखबे औ बोलबे में भिन्न दिख रए ऐं, परंतु इनकौ अर्थ औ भाब सहज समझ में आय जाबै।

जा ब्रजभासा काब्य संकलन में जहां एक ओर भक्ति रस में ठाकुर जी की आराधना हतै, वहीं दूसरी ओर सिंगार रस में प्रियतम ते विरह की वेदना हु हतै। सरसती बंदना औ गनेस बंदना के संगई मातपिता कूं नमन हतै तौ बिटिया कूं नेह और प्यार हु हतै। ठाकुर जी ताई पुकार हतै तौ कछु गीतगजल हु हतें।

बैसैं तौ ऊषा शरमा जी के काऊ परिचय की आवस्यकता नाएँ, तौऊ औपचारिकतावस बतानौ उचित हतै कि, एक राजस्थानी फिल्म की कहानी लिखबे बारी श्रीमती ऊसा सरमा जी आर्मी स्कूल

में सिक्षिका कौ पद सुसोभित कर रई ऐं, जिनके 6 उपन्यास हिन्दी में,2 अंग्रेजी में, 2 कहानी संग्रह ,1 बाल कहानी संग्रह पहलै प्रकासित है चुके ऐं, संगई ढेरन पत्रिकन में कहानी प्रकसित होत रहें। नियमित रूप ते अखिल भारतीय रेडिओ ते इनकी कविता , कहानी प्रसारित होतैं। इनकूं कैऊ बेर अनेक संगठन नै सम्मानित कियौ हतै। इन्नें सीबीएसई बोर्ड के लएं संस्कृत में किताब लिखी हतैं।

जे एक सामाजिक कार्यकर्ता हु हतै और आज कल गरीब व झुग्गी झोपड़िन में रहबे बारे बच्चन की सिक्षा के लयें प्रयासरत हतैं।

मैं जा पुस्तक की सफलता और ऊसा सरमा जी के मंगलमय भविस्य की कामना करूं हूं।

अटल राम चतुर्वेदी,

रतन कुंड,चौबिया पाड़ा मथुरा

281001

दूरभाष -701755906,9411641108

आमुख

<u>अपनी बात</u>

यौं तौ मै बचपन ते ही कछु न कछु तुकबंदी कियौ करती ,पर मेरे घर में कह कौं समझ नाय आतो कि मै कहा और क्यों लिखौ । परिवार की रुढिवादी परम्परा के मारें मेरे लेखन कार्य कौं अच्छौ नाय समझौ जातो । पापा कहते,तूही महादेवी वर्मा बनैगी , मै लिखती और स्कूल की सहेलिन कौं सुनाती । सन् 1984 में अपनी सहेली शहनाज के समझायवे पै प्रकाशित करवे कौ विचार बनायौ, अब नई समस्या ही कि घर में पतौ चलौ, तो डाँट पड़ेगी । अत: सहेलिन ने मेरौ नामकरण कर दियौ "प्रिया शर्मा " और मेरी पहली कविता हिंदुस्तान अखबार में प्रकाशित भई, तो मोय भौत खुशी भई । याके बाद मै छिपके गृहशोभा ,सखी ,दैनिक-जागरण आदि में मेरी कहानी और कवितान कौं प्रकाशित कराान लगीं, मै सिकंदराराऊ की प्रदर्शिनी में हैवे वारे कवि सम्मेलन कौं अपने ताऊजी के संग नियमित रूप से सुनवे जाती और मेरे दिलोदिमाग में एक बात ही कि मोय हू मंच पर काव्य पाठ करनौ है, क्योंकि कवियन के गले में पड़ौ भयो हार मोय आकर्षित करतो और मै अच्छे ते अच्छौ लिखवे कौ प्रयास करन लगी ,सन् 1988 में अलीगढ़ में भई काव्य प्रतियोगिता के आयोजन मे प्मील विशेष पुरस्कार नै मेरे होसलन कौंऔर बुलंद कर दियौ । 1989 में राजस्थान पत्रिका "लीला अभिव्यक्ति" मे प्रकाशित लेख "विधवा विवाह आह या वाह" ते मोय बहुत से प्रशंसा पत्र प्राप्त भए ,जिनमे एक फिल्म सिंगर नरेंद्र राठौड को पत्र हो । नरेंद्र जी की सलाह पै मैनें अपनौ लिखौ उपन्यास "आसूँ" विन्हे भेजौ और1994 में वौ राजस्थानी फिल्म "कलश" के लिए

चुनौ गयौ । वाके बाद मै सिकंदराराऊ में आयोजित काव्य गोष्ठिन में नियमित रूप ते जान लगी ,क्योकि तब तक मेरे पिताजी कौ सहयोग मोय मिलन लगो,परंतु 1995 में मेरी शादी के बाद 2007 तक मेरे लेखन कार्य में व्यवधान उत्पन्न है गयौ । वहीं 2001 में मैंने साधना चैनल के " ये कैसा मिशन "सीरियल के 15 एपिसोड में काम कियौ, परंतु यहाँ हू दोनों परिवारन के विरोध के कारन मोय अपने कदम पीछे करने पड़े । 2007 में मथुरा आयवे के बाद मेरी भेंट सुमन शर्मा , मनवीर मधुर ,निशेष जारजी ,मैथिली जी ,सुधा जी ते भई तव मैंने अपने लेखन कार्य कौं फिर ते प्रारम्भ कियौ, 2007 ते मैं नियमित रूप से कवि सम्मेलन और आकाशवाणी पै काव्य पाठ और कहानी पाठ कर रही हों । 2017 में अपनी पुत्री के द्वारा एक उपन्यास के विज्ञापन करवे के बाद हमारे भीतर छिपौ लेखक उभरौ और एक पुरानौ रखौ उपन्यास "ब्लू रोज़ पब्लिकेशन " द्वारा प्रकाशित करवाया और वाके लिएं आए प्रशंसा पत्रन ते हमारी हिम्मत कौं उड़ान मिली और हम एक के बाद एक उपन्यास लिखते गए और रमाशंकर पाण्डेयजी की सलाह पै कि हम गद्य भौत अच्छो लिखें, हमारे अब तक 7 उपन्यास 2 कहानी संग्रह,1 बाल कहानी संग्रह भारत में और एक अंग्रेजी उपन्यास यू॰ एस॰ ए॰ ते प्रकाशित है चुके हैं ।

हमारे उपन्यास, कहानिन मैं हमारे आस -पास की घटनाएँ हैं, इनके पात्रन में आप कहूँ न कहूँ खुद कौं अवश्य ही पाऔगे , उपन्यासन में हमनें नारी मन की पीड़ा कौं पूर्ण रुपेण उतारवे कौ प्रयास कियौ है ।

बृज भाषा साहित्य में काव्य संग्रह के रूप में हमारौ यह प्रथम प्रयास है। अनंत राम चतुर्वेदी जी ने या काव्य संग्रह की भूमिका लिखकें हमारी लेखनी कौं आशीष प्रदान कर हमे कृतार्थ कियो हैं ।

या काव्य खण्ड की प्रतिक्रिया स्वरूप आपकौ प्यार,दुलार आपकी आलोचना दोनों ही मेरे लियें मूल्यवान और उपयोगी होयगी, याही भाव भूमि कौं लैकें मैं यै काव्य खण्ड "प्रेम पाखुरी " कौं आपके कर कमलन में या उम्मीद से सौंप रही हों कि यै काव्य खण्ड आपकौं पसंद आवैगो ।

ऊषा शर्मा

E-45 महाविद्या कॉलोनी,

मथुरा 281001

मो॰ 9997683004,8532953835

ईमेल–priyaushasharma@gmail.com

1. सारदे वंदना

वीना है हाथन जाकै नयन अभिराम है,
इन्दु ते आनन की सोभा ललाम है।
सारदा वागेस्वरी किरपा कर सरसती,
तेरे चरनन में मइया सत सत प्रनाम है।।

++++++++++++++++++++

हंस पै विराजै हाथन स्फटिक माल,
आनन की सोभा जैसे नयौ सुप्रभात है।
भक्तन की कमी कूं पूछे नहीं जानत है,
तेरी ही किरपा कौ छायौ प्रताप है।।

2. हम हैं रमण बिहारी के

हम हैं रमण बिहारी जू जग जाकौ दिवानौ है,
कोर दया को जो बो करदे वो अनमोल खजानौ है।
जग के सब बंधन हैं झूठै सांचौ बाकौ नेह हतै,
नाम लिये बाकौ जीनौ है,नाम लिये मर जानौ है।
चक्र सुदर्शन धारी के हम कान्हा कृष्ण मुरारी कै,
रमन बिहारी ठाकुर हमरे, हम हैं रमन बिहारी कै।।

3. गनपति वंदना

गनपति वंदन है रहौ रिद्धि सिद्धि प्रिय संग,
लड्डुया मोदक हाथ में हरी दूब मय अंग।
हरी दूब मय अंग मनहर पुष्प गल माला,
पीत वसन तिय रंग तिलक चंदन सुभ माला।
कनक मुकुट प्रभुकर वर मुद्रा में जग तपति,
सुर नर मुनि जन सेव प्रात नित वंदन गनपति।।

4. बिहारी वंदना

निसदिन तरसत नयन हमारे,
या दरस दिखाऔ स्याम प्यारे।
मोर मुकुट पीताम्बर धारी,
बाँके तेरी छवि न्यारी ।
राधा रानी संग बिराजै,
अधरन मुरली तेरे साजै।
चैन चुरायौ तैने छलिया,
का बिधि दरसन पाऊँ बलिया।
कौन विधि सौ मैं तेरौ तरस पाऊ,
कौन जतन कर तोहै रिझाऊ।
एक अरज बस मेरी सुनिओ,
हाथन डोर थाम कै रखिओं।

5. हाथन के छाले

मत रो पगली कह रये ये हाथन के छाले,
कब फूटे कब सूख गए हाथन के छाले।
मिट्टी के चूल्हे में जरती बुझती लकड़ी,
लाल आग में धुआं और हाथन के छाले।
गोल गोल फूली पटकी फुलकी सी रोटी,
अब यादन में सेस रहे बस हाथन के छाले।
गरम दार चामर संग घी मइया के हाथन,
भोजन सुधि बिसरायं यही हथन के छाले।

6. गजल

सीसा पत्थर ते टकरानौ छोड़ दयौ,
खुदकू अब कमजोर बतानौ छोड़ दयौ।
जबते मेरौं हाथ गरीबी नैं पकरौ,
लोगन नैं घर आनौ- जानौ छोड़ दयौ।
जो मैंने वाकूं दस्ताने पहनै देखौ,
मैंनें सबते फिर हाथ मिलानौ छोड़ दयौ।
इक पत्थरदिल ते मेरी ऐसी भेंट भई,
आँखन में असुयन नैंऊ आनो छोड़ दयौ।
औकात जमाने की का जो मोकूं छोड़ै,
मैंनें तौ खुद ही आज जमानों छोड़ दयौ।
जबते परवाने देख लिए जर-जर मरते,
मैंनें अपने घर समा जरानौ छोड़ दयौ।।

7. हमारौ न्यारौ गाम

गली - गली नुक्कड़ चौबारौं,
कित्तों प्यारौ गाम हमारौ?
हवा चलै खुशबू भर-भर कैं,
लगै महकतौ उपवन सारौ।
तुलसी आँगन कूँ महकावै,
गौरैया हु मन चहकावै।
तरुवर लागत कितने प्यारे।
घाम सुहानी छट पै आवै ,
घाम सुहानी छत पै आवै ,
लिपौ पुतौ जहँ रहै चौतरा,
पटौ वृक्ष ते आँगन प्यारौ।
गामन की गलियाँ हु भामै,
घूँघट में गोरी इतरावै।
देख फसल मन खिलौ हमारौ,
कितनौ सुंदर गाम हमारौ।।

8. दर्द प्यार कौ

प्यार हमनैं दियौ प्यार हमकूं मिलौ,
हार दिल हम गए हार हमकूं मिलौ।
दुख कूं सोए सिरहाने पै रखकैं सदा,
जैसो चाहो न दिलदार हमकूं मिलौ।।
+++++++++++++++++++++++++++++
हमै मंदिर में जानौ हो तिहारे दर पे आ बैठे,
कहाँ सिर कू झुकानौ हो कहाँ सिर कूं नवा बैठे?
मैरौ हिय बाई दिन ते बगावत पै उतारू है,
न जाने कौन दिन हो नजर तुमते मिलाय बैठे।।

9. म्हारी लेखनी

आज ते लेखनी फिर ते बोलन लगी,
दर्द की आह बन पट कक्कूं खोलन लगी।
मन के अंगना की चौपाई खुलवे लगी,
बीतती बयार मन कूं झकझोरन लगी।
जबते शब्दन की आँधी चली वेगते।
लेखनी अपनी स्याही कूं छोड़न लगी।
कथानक कौ बाजार चढ़वे लगौ,
कवितन की झंकार बोलन लगी।
जो बुराई करै का बतावेंगो वो,
डोर जो ही कसी अब वो दोलन लगी।
देख अश्क बहत काबू रह न सकै,
आस की डोर हाथन ते छोड़न लगी।
दुख रही आत्मा प्रिय दरसन कूं अब,
प्रभु के चरनन की माटी ही मोहवे लगी।।

10. मैं और तुम

कभी खुदकूं -कभी तुमकूं,
तसल्ली देवें कूं लै,
कबहु बोझ मन कौ,
कम करवे कूं लै।
मैंने करौं वों सब,
दिल के अहसास तुमकूं,
समझा कै लै ।
जीवन की पुस्तक में,
रीते पड़े ,
कभी उन पन्नन कूं,
भरवे के लै।
मैं उठाऊं कलम,
ढूंढू फुर्सत के पल।
कछु अनकहे बोल शब्दन के लै।।

11. दिल

जब तै दिल में बसायौ है मैने,
सपनौ सुहानौ सजायौ है मैने।
अंधेरौ मिटायावै कूं या दिल में,
यादन कौ दीपक जरायौ है मैंने,
मेरौ तौसें अजीब है नातौ,
वजूद अपनौ मिटायौ है मैनें।
तू ही खुदा तू है भगवान मेरौ,
तेरे लियै सर झुकायौ है मैंनें।
तू मौसें जब जब रुठौ है प्रियतम,
हर साँस में तोय पायौ है मैने।।

12. प्रतिकार

मस्तक झुकाओ नाय कियौ प्रतिकार,
याई ते कबहुँ नाय मिलौ अधिकार।
नायं मागौ दान में उत्कर्ष ,
सीस उठाय कियौ सदा संघर्ष।
कियौ उपकार बने रहे हम फूल,
बात-बात पै मिलत रहे यौंही हमै सूल ।
सुनते रहै बोलवे में कियौ संकोच ,
याई लिए खात रहै सब हमै नोच ।
ईश्वर सदा देत रहौ नए आयाम,
पग-पग पै मिल रए धोखे परिनाम।।

13. माँ बापू कौ दरद

मैंने मइया कूं घुट-घुट के जीवत देखौ है,
अपनौ दर्द छिपावत रोवत देखौ है।
और पिता कूं फिर बोझ उठावत देखौ है,
दर्द छिपावत फिर मुस्कावत देखौ है।
जब तक बोझ उठाते सबकू प्यारे लगते हैं,
हाथ थकत ही उन्हें बोझ बताबत देखौ है।
<u>बड़े भाई</u>
माँ बापू की आँखन के तारे भइया,
भइया-भइया सबै पुकारत देखौ है।
प्रथम रख्यौ परिवार पिछारी निज जीवन,
त्याग समर्पण राह दिखावत देखौ है।

14. कागज की कस्ती

हम कागज की कश्ती बनातै नायं,
झूठे सपनन पै ज़िंदगी बितामैं नायं।
देखौ कागज की कश्ती कूं डूबत भये,
तेज तूफानन में कबहु उड़ायैं नायं।
देखौ सपनेन कौ क्षण भर में टूटत भये,
सपने टूटते ही हम मुरझायैं नायं ।
जबते मन में आयौ जीवन कौ सफर,
कदम कागजी बढ़ामैं नायं ।।

15. पहचान

या तौ मेरी सोच में ई गंदगी सी है गई,
या तौ तेरी दोस्ती अब दुश्मनी सी है गई।
जो गम दए जमाने ने वही लिखे हमनैं,
लिखत-लिखत डायरी अब मोटी सी है गई।
आप तौ दुखन की धूप बढ़ाबत रहै,
म्हारै अरमानन की छाँव घनेरी सी है गई।
दिल में बसी ही तिहारी ही तस्वीर,
सिर नवायौ मैने तो बंदगी सी है गई।
तुम क्यौं रूठे ये जान न पाए आज तक,
चाँद ते दूर क्यौं चाँदनी सी है गई।
चलत राह में हम जो मिले तुमतै,
बिन जरायें घर में रौशनी सी है गई।।

16. दो मुक्तक

जा ठौर पै रावण मरौ कंस मरा है,
मीरा कबिरा सूर कौ तप त्याग भरा है।
सागर चरण पखारे पग सीस मुकुट हिमालय,
भारत वो राम श्याम औ वीरौं की धरा है।।
+++++++++++++++++++++++++++++++
जाग उठे अब भारतवासी, फँसते नायं झमेलन में,
काम काज कूं छोड़ के शामिल, हौयं न अनसन मेलन में।
जो सरकार निकम्मी हौवै, वौ सरकार बदलनी है,
भ्रष्ट आचरण वारे नेता परे भए है जेलन में।।

17. घर

काउ कौ तौ घर टूटौ,
कौउ अपनेन तै बिछड़ौ है।
या महामारी के चलते,
कौउ भूखौ ही सोयौ है।
रोज कमाय कै लाइवै वारे,
देखो आज है गए ठलुआ।
कबहू नायं थी फुर्सत जिनकौ,
कैसे घर में बंद परे हैं।
घर की हालत है गई नाजुक,
भूखे मइया -बाप परे है।
दोस्त -यार सिगरे दूर भए अब,
हातन में ले फोन बाई में घुसे परे है।
बस या महामारी ने इक बात है समुझाई,
जीवन ते बढ़के नाय पैसा और कमाई।।

18. दिल के घाव

लगौ जो दिल पै घाव काउ कौ दिखायौ नाय,
खाय दिल पै चोट काउ कौ बतायौ नाय
दुनिया की आदत है सबकौ रुलाय है वौ,
कबहु जा जमाने ने काहु कौ हसायौ नाय।
चुने राह के काँटे बिछाई है चादर,
कबहु सेहरा कौं सजायौ नाय।
जाय खोजत फिरें वही है नदारद यहाँ,
कबहुँ वो बुलायवे पै आवत नाय।
प्रीत कबहुँ दूर होने न देती हमें,
हिय ते वाय कबहुँ भुलायौ नाय।
लुटौ है हमेशा चैन ही हमारौ,
कबहुँ सोर हमने मचायौ नाय।।

19. याद बहुत आवत है माँ

सजाऔं हूँ सपनेन में अक्सर तोय,
बहुत आवै है याद माँ तू मोय।
छिड़ै ममता की भीनी सी बातें,
भर आवैं यौं ही खोई सी आँखे।
तस्वीर कोऊ उभर आवै आगे,
बुलावै हैं जैसे तू बाहे फैलाकै।
लगाए न जब तू कबहु गले मोय,
बहुत याद आवै है माँ तू मोय।
शाखान ते जब गिरै हैं पत्ते,
झुक जावै डारी हवा ते तरपकै।
कुम्हलाए पत्ताहू सूखे बिखरकै,
हिलती ते जब गिरै है पत्ते।
मैं वा शाखा सूरत में पाऔं तोय,
बहुत याद आवै है माँ तू मोय।
हँसती रही बिछरकै हूँ तोसे,
लड़ती रही सवरे जीवन के गम ते।
बिखरती नहीं मैं तूफान ते डरके,
तोय याद करती बन्द आँखन करके।
वहीं आस-पास ही पाय लौं तोय,
बहुत याद आवै है माँ तू मोय।
रुठौ हूँ कौन ते न कोई मनावै,
हर कोई मोहे में कमियाँ गिनावै।

तेरे दिखाए पथ पै चलती रही मै,
फिरहु मैं माँ तेरी जैसी नाय हूँ ।
कछु सिखाय मै तोसी कहाऊ।
बहुत याद आवै है माँ तू मोय।।

20. न कहो नारी बेचारी

कौऊ क्यौ कहे मोय अबला नारी,
न असहाय कमजोर न हूँ बेचारी।
प्रचंड सजग आज सबला इनके,
सक्ति पुंज ज्वाला सब पै भारी।
सदियाँ बीती जब पर्दा अधिकारी,
जीवन बीतौ बन बंद चार दीवारी।
शूल घात यौं झेले ज्यौ मूक पानी,
वही अब तीक्ष्ण कटार लोहे की आरी।
अंध मूढ़ विनाशी परिपाटी सारी,
रीति परम्परान की वेदी भारी।
तोड़ जंजीरे सगरे मण्डल की,
आज बनी चंडी,दुर्गा,काली,भवानी।
सृष्टि संचालिका शक्ति प्रतीक नारी,
मातृ स्वरूपा ओजस्वी अलंकारी।
भू गर्भ समेत अंतरिक्ष जानकारी,
कल्याणकारी सबला नहीं बेचारी।।

21. माँ

तेरे हाथन ते बनी वो रोटी,
बहुत याद आती है मोय माँ।
अतुल अव्यक्त ममतामय भाव,
फिर ते पाव कौ तड़पत हूँ माँ।
वह साग भाजी अचार चटनी,
चटख मनभावन रस घुलौ माँ।
महँगे होटलन की थरिया में अब,
वह सवाद मिलतौ कहाँ माँ ।
वो बचपन की मीठी-मीठी डाँट,
आज कितनौ रुलाती है माँ।
लौट के आय जाए वे ही पल,
उन पलन कौ याद करके भटकत हूँ माँ।
महँगी चीजन कौ पावन की रट लगाना,
तेरी वा विवशता कौ अब समझौ मै माँ।
जिद करवौ और भूखौ रहवै करवौ,
उन मनमानिन पै आज शर्मिंदा हूँ माँ।।

22. समय की धारा

धीरे ते बहनौ ऐ पवन ,
दिशा धारा की कहीं मुड़ न जावै।
यै कागज की कश्ती है,
कहूँ भवर तूफानी में उड़ न जायै।
जोड़ो है याहि बड़े पट्टिका कौं,
शुद्ध भावन की पट्टिका कौं।
चाह सौंदर्य सजावट में,
मनोहर पुष्प वाटिका में।
धीरे से बरसियौ रे बादर,
बर्फ के गोले संग न आवै।
ये कागज की नव है मेरी,
सपन लोक मैं टूट न जावै।
पाकै कोमल नीर तल,
तैरती नित असुयन पुष्कर में।
उद्वेग सनान विवसता बनी,
भरती डग जग दुस्कर में।
धीरे से चलियौ ओ सागर तरंग,
किनारै ओझल न है जावै।
तरंग संग जीवन जियौ है हमने,
थपेड़े हू आँधी के खाए है।
तैरत रही सतह पै योहीं,
हिचकोलन में कबहु न जायै है।
अपनेन ते चोटिल है कैउ,

हमनें शिकवे सभी भुलाए है।।

23. मन करता हैं

मन तौ करै मैं तोय लिखूँ,
पर का लीखूँ पतौ नाय।
बैठी -बैठी सोच रही मैं ,
पर का जै पतौ नाय ।
तू तौ ठहरौ गहरौ समुंदर,
मन क्यों करै कछु पतौ नाय।
जब सोचौ, तुम एक पहेली,
बैचेनी, बेताबी,छेली।
फिरहुँ मन कहै तोय लिखूँ,
पर कहा लिखूँ पतौ नाय।
किस्मत तौ स्याही से लिख दई,
कौन लिखी ये समझ न आई।
मन तो करै मैं तोय लिखूँ,
कौन से क्षण में लिखूँ पतौ नाय।
या मन की बीती बातन कौ,
जीवन कौ ज्योतिष हौ तुमहीं।
जीवन की मेरे बंदन तुम,
या मेरे ज़िंदगी हो तुमहीं।
मन ये करै हर क्षण मैं लिखूँ,
पर कैसे लिखूँ पतौ नाय?
वो क्षण जबते भए जुदा हम,
नाय दिखे फिर कोउ सुख के क्षण सैं।
अब जीवन कौ पहर आखिरी,

टूटे बंधन एक मरण ते।
फिरहु मन करै है के क्षणन कौ लिखूँ,
पर कैसे लिखूँ पतौ नाय ।।

24. साजन

तेरे आवन की आस है साजन,
अब मन पुकारै आ जाऔ साजन।
है सब तुमते ही बस सब वाहि ते,
अब तो दिल मै समाय जाऔ साजन।
मन की आसा पूरी कर दो,
झोली खाली खुसियन ते भर दों।
तुम पै ही अब नजर टिकी है,
हर आहट पै नजर लगी है।
मन में इक नई आस जगी है।
नयनन में अब सपन तैरते,
विन सपनन कौ पूरौ कर दो।
हर दम दिल बस यै ही पुकारै,
साजन आ घर खुसियां भर दो।

25. भाव प्रीत की

प्रेम प्रीत के भाव जगाय कें, हर मन में वास जानौ है।
एक बनें हम भारत वासी, शक्ति सूत्र कौं समझानौ है।
बल संगठन सदा ही उत्तम, दुश्मन कौ दम खम दिखानौ है।
मुट्ठी भर की ताकत जानौ, बिखरे तौ फिर टूट ही जानौ
है।
प्रश्न देश कौ मान बढ़ानौ, कर्तव्य वही बन जावै है।
चलत जात है अंगार पे, वो रूप कनक है मन भावै।
देख तिरंगा भारतवासी, आदर सबके मन लाते है।
तीन रंग की भाव वंदना, नित-नित शीश झुकाते है।
देव गंग की यै पावन धारा, पुष्पन कौ रंग मय करती है।
रक्षा मानव अपनी संस्कृति के, मान सभ्यता कौ हितकारी।
सोने की चिड़िया है मेरौ भारत, प्रगति होय सदा शुभकारी।।

26. मनुहार

रिमझिम बूंदे बरसाऔ रे मेघा,
और न अब तुम तरसाऔ रे मेघा।
सूने नयनन ते कृषक निहारे,
विकल सुरन ते मयूर पुकारे।
विनके उर कौ हरसाओ रे मेघा।।
तवे सरीखी तपती है धरती,
मौन रहै वह सब कुछ सहती।
वाकै जीवन कौ ऋृंगार तुम्ही हौ,
बरस बरस सब सरसाऔ रे मेघा।
जब-जब लागैं बूंदन की झड़ियाँ,
लागै सुंदर मोती सी लड़ियाँ।
पड़ै फुहार महके सुगंध डालन पै,
पंछी फिरै चहकै संग हरसाओ रे मेघा।।

27. भावनाओं की बाती हो

जले दिन राती ,भावनन की बाती,
उजलौ होय हर कोना,दीप ऐसौ जलाऔ।
भोर होय सांझ होय,रोशन आठौ याम होय,
दिनकर ज्यों संग ही दौड़ै,यौ बाती सुलगायै।
सुलग-सुलग के जरै,ज्यौ, देही मिलै प्रीतम सौ,
पिया संग मिलन हौ,तिमिर भगाऐ खिल उठै मकरंद
अजहु घर वन गिरी नंद।
विभावरी बीत चली, अब दीप जलाइयै।।

28. जिज्ञासा

आओ मिल सब कहु करौ न यौ,
और सब खेलन तै करौ बेहतर।
नित्य वही पुरानी पतंग उडातै,
कागज की हम नाव बनातै विमान।
कबहु गुड्डे गुड़ियन संग विमान,
छुपन छुपाई कभी कबड्डी दौड़ लगातै।
आओ चलौ मोटर साइकिल बनावै,
पुराने टायर डिब्बा कछु ऐसा लगावै।
आगे पीछे टायर बीच में डिब्बा लगावै।।

29. घर कौ सपनौ

एक देखौ सुन्दर सपनौ,
प्यारौ सो होय घर अपनौ।
पास में होय एक नीली झील,
निर्मल जल होय बहतौ वाकौ।
ऊपर वाके पुल वनौ होय,
आर-पार एक होय यौ रास्ता।
इन्द्र धनुष तिरंगे जैसो,
होय हर रंग आकाश में छायौ।
वृक्षन की हरियाली होय,
सुगंधित वायु चहु ओर घिरी होय।
वहाँ होय मेरो प्यारौ घर,
जहाँ न कोऊ शोर शराबौ।
न होय कोऊ अशुद्ध वातावरण,
स्वर्ग जैसो निरालौ होय।।

30. साहित्य दर्शन

साहित्य कोउ खीर नाय,
जाय बनाऔ और खाय जाऔ।
न साहित्य कोउ खिचड़ी नाय,
जो चटनी अचार ते खाय जाऔ।
साहित्य अमृत की धारा है,
जो एक बूँद हूँ सँवर जाय।
जीवन ही सँवर जाय।।
साहित्य तौ गहरौ सागर है,
जामै जो एक बेर डूब गए तो,
कबहुँ न निकर पाओगे।।
साहित्य वौ जीवन दर्शन है,
जामै ऋषि मुनि योगी जोगी,
संत कवि गुरु देव महायोगी।।
सबने या की खातिर अपनौ जीवन,
समर्पित कर डारौ,
तब भारत में बनी साहित्य साधना।
दर्शन की एक स्वर्णिम माला।।

31. गीतों की भाषा

तुमनें ही समझी जब मेरे गीतन की भाषा,
दुनिया सौ-सौ अर्थ लगाऐ तो क्या ?
ये मेरे मन की कमज़ोरी या मजबूरी,
कछु भी कहौ सिर्फ तुम्है ही अपनायौ है।
तुम्हें समर्पित कियौ सहज ही या जीवन में,
जो कछु हूँ खोयौ पायौ रोयौ या गायौ है।
तुमहीं न दोहरा पायै मेरौ गीत प्राण,
पूरौ ही जग गायै क्या होवत है।
ये तो मात्र बहानौ हौ गीतन कौ सृजन मोय तो,
अपनौ दर्द तेरे हिये तक पहुचानौ हो।
जो न अन्यथा कह पातौ मै तौ सुन पाती तुम,
कछु ऐसौ हो राज तुम्हें जो समझानौ।
मेरौ दर्द न छू पावै जब हृदय तुम्हारौ,
पत्थरन कौ हू हिय पिघलावै तौ का होवै है।

32. अधूरौ गीत

मैं एक अधूरौ गीत कहौं,
तुम गाओ तौ कौउ बात बनैं।
बगिया कौ उजडौ वृक्ष समझ,
फूल खिलाओ तौ बात बनें।
चलते में भटक रहीं हूँ मैं,
तुम राह दिखाओ तौ बात बनें।
या बेगानी दुनियाँ में टूटी ऐसे,
तुम मोय सवारौ तौ बात बनैं।
मदिरा की मैं छलकी प्याली,
तुम पी जाओ तौ बात बनें।
हैं प्रेम ज़िंदगी में सांचौ,
समझाओ मन तौ बात बनें।
जीवन नदिया प्यार भरी है,
तुम अपनाओ तौ बात बनें।

33. सुई धागा

दर्द पिरोए हैं धागन में,
चुभ गई सुई मेरी छातिन में।
जिन रिस्तेन कौ सजाय कै रखौ,
बिखर गए सब तूफानन में ।
बन गए जख्म नासूर है हमारै,
कछु आयौ नाय हाथन में।
उरझी-उरझी साँसे मेरी,
तकती है सिर्फ यादन में।
छुप-छुप कै निहारौ मैं तुमकौ,
बसते हौ तुम मेरी साँसन में।
पीर मेरी कोई देख न लेय,
बस रोवत हौं मैं रातन में।
वखत आत है बीत जात है,
काहे बहै हम जजबातन में।
मन में है ये विश्वास मोहि तौ,
जुड़ जामेंगे हम सुई धागन तौ।।

34. खोजूँ अपना गाँव रे

गाँव मेरो खोय गयौ रे,
खोजौ अपनों गाँव रे।
खोजौ अपने संगी साथी,
खोजौ पीपल की छाँव रे।
खोजौ माटी की ममता कौं,
खोजौ सावन की रिमझिम।
खोजौ मैं वो बाग बगीचे,
जो बचपन के मधुवन।
खोजौ आँखन की गहराई में,
जिनमें मिले समभाव रे।
खोजौ बचपन के हमजोली,
खोजौ फागुन की रंगोली।
खोजौ मैं वो कुश्ती अखाड़ें,
जिनमैं सीखे नये नये नए।
गाँव मेरो खोय गयौ है,
कहाँ खोजौ आपनौ गाँव रे।।

35. सपनों से भरी जिन्दगी

सपनन ते भरी जिन्दगी एक सजी हाट है गई।
मन ते जब आस्था घटी गंगा हूँ हाट है गई।।
सपनेन अब आँख ते निकल ताजौ अखबार पढ़ रहे।
जीवन कछु ऐसौ भयौ सब के आकार बढ़ रहे।
नदियन के देह छरहरी अब चौड़ों घाट है गई।।
छाती कौं तान कै खड़ौ सदियन ते बनौ से किलौ।
एक ईंट का गिरी अंतहीन भयौ सिलसिलौ।
दर की दीवार देखकै चोसे की बाट है गई।।

36. प्यार का संसार

प्यार कौ संसार लैकैं का मिलौं?
दर्द कौ अंबार दैकैं का मिलौ?
पूछतौ है रक्त से रंजित हृदय ,
कंटकन कौ हार दै कैं का मिलौ?
पत्थरन को प्यार हम देते रहे,
नफ़रतन को धार तुम देते रहे।
ज़िंदगी की नाव डगमग पूंछती,
ज्वार और मझधार दैकै का मिलौ?
तुमने सोचौ राह के हम खार हैं,
हमने सोचौ हम तिहारे प्यार है।
बस यही सपनौ हमें अपनौ लगौ,
सपनन कूं अंगार दै कैं का मिलौ?
आसमान में उड़े हम हैं निडर,
तेरे वादे और वफा के लै कै पर।
या वफा कुं तूनै चौं घायल कियौ,
नस्तरन के वार दै कैं का मिलौ?
तुम न बदलौगे है पत्थर के सनम,
चाहैं मरकैं लैय हम किते जनम।
बस गिला मौकूं रहैगौ उम्र भर ,
प्यार कौ उपहार दै कैं का मिलौ।

37. नदी

हर नदी तें लोग चाहै है पानी,
रोज रहत है वही सबकी जवानी।
सुन सकौ तौ मौन बैठकै सुन लो,
रेत कहै है सदा कहानी।।
काहे बुझाय न पावै प्यास पानी,
ले रहे क्यों कर्म ते सन्यास पानी।
देसन में जब दुश्मनी कौ दौर आतौ,
काहे न करतौ शक्ति कौ विन्यास पानी।।

38. मन की बात

मन कू देखौ हमारी, शरारत पे जानो नहीं,
कौउ कूं कबहू छोटो, बड़ौ हमने मानो नहीं।
प्यार तो प्यार है, प्यार ही सब सार है,
प्रेम में कौऊ दोष, हरगिज जगानो नहीं।।

++++++++++++++++++++++++++++++++++

बेबसी दाँस्ता, हम सुनावते रहे,
हमैं सुन कै, सब मुस्कराते रहे।
दिल में का है, न काऊ ने जानो कबहु,
हम मनावत रहे, वे लजावते रहे।।

39. ऋतु वर्णन

सर सर करत,
तेज तेज चलत बयार
मधुर गीत कोई सुनावै।
घन- घन घनन बादर भड़के।
दमक- दमक दमकै दामिनी,
प्रीत सुधा रस हूँ बरसाती।
वसंत ऋतु मद मुस्काती।।
कारी घटान ने डारौ डेरा,
नीले अंबर ने ओढ़ी अंधेरी चादर।
बरसा को मौसम मतवारौ,
बादर हूँ भयौ दिलवारौ।
उमड़ घुमड़ तड़पती घटान कूँ,
सीत फुआर दैवे वारौ।।

40. सच्चाई जीवन की

जीवन ते थके हारे,
ढूंढत रहते कछु सहारे।
भटकत हैं दर दर पै,
नेह नयन निर्झर भये खारे।
या सफर की अजब है राह,
रिस्तन में खड़ी हैं दीवार।
जीवन बेला की बोल रही,
हम तो है केवल बंजारे।
प्यार में असुयन बहाय रहे,
पीर के भऐ हैं ये प्यारे।
छिप-छिप रोबत हँस देखत हैं,
नये भोर सवेरे नये दिसाये।
उजारे हूँ गम के हैं मारे,
नाय वे जीते नायं हम हारे।
फिरऊ यै खेल कैसे है गए न्यारे।
ऐसौ लागै जीवन,
जैसे झील में फँस गऐ कौउ सिकारे।
ढूढ रहै हर पल हम सब,
इत उत जैसें नभ में तारे।।

41. हमारौ सकूल

सोच रही बैठ मन के पट,
पलकन में सकूल लहराबै।
आवै सुगंध बरसा संग,
कागज की नव सुगंध महाकावै।
अबहूँ लागै सपन सजीलै,
यौ छीनौ मेरौ बचपन,
बड़े प्यारे लगते जीवन के मधुर क्षण,
तररुणाई में हम बेफ़िक्री से झूठे है बोल।
समय-समय सब हम काम करत रहे,
फिरहूँ जीवन हौ झंझावत ते दूर,
खेले कूदे धूम- मचाई और किए धूम- धड़ाके,
मइया- बाबा संग सखा हमें जानते ज्यादा भावै।
नव महल की नींव सौ जीवन,
नायं जिए वाकौ तड़पै है मन,
पुस्तकालय की अनगिनत किताबे,
बिना समय ही हमें सुनावत।।

42. मायाजाल

खोय गई हूँ मैं न जानै कौन सी गैलन में,
कारी काजर सी रात ढूंढती हूं हर द्वार।
जीवन धारा कल कल बहत यैं धार पै हौ सवार,
कबहूँ ऊपर, कबहूँ नीचे मदमस्त हौ रही निसार।
काऊ बात कौ अरथ समझ न आवै,
मन भटकौ सांसन के मायाजाल में हमार।
धुरी पकर कै सूरज चंदा चलत है जैसें,
दिन रैन सिमटे नाय उठत कौउ सवाल जा मंसा पै।
सफर में ऋतु आवत जावत कौउ न भटकै,
तपती धरती कूँ सीतल करबै चलत बयार।।

43. जोग

कबहुँ ठहरे कबहुँ बहै मन,
गति जा मन की कोउ न जानैं।
कबहुँ उठे मन बनकै तितली,
जापै चलै न कौउ शासन।
ध्यान जोग औ अनुसासन,
मन तौ बहै ज्यौं नदिया कौ पानी।
इत-उत फिरै पागल भंवरा सौ,
डोर कसै तो बन जाए ज्ञानी।
है स्वच्छन्द विचरै है मैरौ मन,
नहीं कबहुँ रमै हरि भजन कूं जानी।।

44. जीवन

जीवन तो एक ख्वाव है,
बस उड़ाऊं हौसला कौऊ ।
कबहुँ एक पल कूं खुसी मिलै,
हाथ बढ़ाय थाम लै कोऊ ।
जीवन कौ हर रंग अलग साँझ सवेरे,
भीजै इन रंगन में तन पै लाग लपेटूं।
जीवन ज्यौं सोचौ मधुर ख्वाव है,
कर-कर नित नए प्रयास मंजिल टेकूं।
सदा आवत है खुसी औ गम रेला,
थाम लै तू वखत कू एक नयौ जहाँ लूं।
कांटेऊ फुलहू जीवन में मिलैं,
बड़े बड़े सूरमा हूँ मिले या माटी कूं।।

45. बचपन

या मन की मत पूछौ,
यै का-का कर जावै।
कबहुँ पुरानी यादन में,
जाबै बस खो जाबै।।
कैसो बचपन गयौ बिताऔ,
माँ बापू के संग।
कैसें पढ़ खेले,
सखियन के संग में रंग।
खूब मचाई धूम आज बाकी आबै ।।
कैसे हमने सुख-दुख बाँटे,
मिल साथिन संग समै बिताए।
जब ते हम आ गए सासरे,
चाकर,इच्छा मार गिराऐ।
दोय जर गए अरमान के।।
लगी आग जो बुझ न पाऐ,
साध रए सेवा साहित्यिक।
जो ये जीवन सकल बनाऐ।।

46. कोरोना

अँखियन से टपके नीर,
करोना तेने का कर दयौ।
नहीं सखी औ सखी सहेली,
कौन से करें हम बात,
पास नहीं अब कोऊ हमारे।
कैसे धरें हम धीर,
करोना तेने का कर दयौ।
सूनी है गई सड़कें सारी,
सूनी है गई सड़कें सारी।
सूने है गए गली चौवारे,
उझक -उझक कै देखै सारे,
बाहर आइवै कौ है रहे अधीर।
करोना तेने का कर दयौ,
बच्चन के सब दोस्त छूट गए।
बस्ता औ पेंसिल औ छूटे,
घर के अंदर बंद है सारे।
अमीर हो या गरीब न्यारे।।
करोना तेने का कर दयौ,
गरीब इक रोटी कौ तरसै।
अमीर इक गोली कौ तरसै।।
बैठे बैठे अकड़ गयौ है,
अब तो पूरौ सरीर।।
करोना तेने का कर दयौ,

काम काज सब बंद पड़े हैं।।
घर कौ सब चलवै कौ खड़े हैं,
चलत चलत पाँव में पद गए छाले।।
हियरा मै उठत है पीर,
बाबा बाहर बैठे रोवै।
मइया घर के अंदर,
बहना पड़ी खाट पै रौवे।
कब आवैगो मेरौ वीर,
करोना तेने का कर दयौ।।

47. मेरे श्याम

मेरे मन ऐसै बस जइयौ,
जाते मैं कछु सोच न पाऊँ।
मेरी अँखियन में बस जइयौं,
जाते मैं कछु देख न पाऊँ।
पाप-पुण्य,छल-कपट द्वेष में,
लिपट रही है काया मेरी।
मुँह के ऐसै बंधन बाँधे,
यत्न करूँ पर छूट न पाऊँ।
मेरी यादन में बस जइयौ,
कछु और मैं सुमिर न पाऊँ।
ऐसी किरपा कर गिरधारी,
माया मोह ते मैं बच जाऊँ।
नौन तेल लकड़ी में उरझी,
धर्म कर्म ते प्रीत लगाऊँ।
किरपा करौ ऐसी गिरधारी,
या झंझट ते छूट मैं जाऊँ ।।

48. स्त्री मन

पहर- पहर जीवन कौ बीतै,
कैसे यामे भरौं रंग में लगती कलम ये खाली ।
जीवन के चारों पहरन में इच्छन के रंग जाए,
अलग अलग हैं रंग चितेरे , लोगन के मन कूँ भाए।
लैन-दैन कौ लेखा रक्खौ करमन कूँ सब सही करौ,
यौं तौं झोली भरी भई है, पर हाथ रहे दौऊ खाली।
या जग मौकौ का दीनों हमने ही सब दै डारौ ,
अंतर की या पीड़ा कौ लै अंतरमन हूँ करौ ।
मिले नायं संतोष सान्ती ।
खुसियन की गागर खाली ,
जीवन की यै साँझ घनेरी, पल-पल हमैं रुलाय रई ।
पल-पल जाकी राह तक रये,घड़ी दूर वो जाय रई,
चार पहर अब बीते जामै, ंखड़ी किनारे मैं खाली।

49. सोचती हूँ

कबहूँ सोचूं मैं खिल खिलाऊँ,
कबहुँ जोर ते मैं ठहाके लगाऊँ।
मगर जीउ डर-डर के ही डरावै,
कहूँ ऐसे ही मैं न मर जाऊँ।
कबहूँ सोचूँ उड़ जाऊँ नीले गगन में,
बनिके पतंग मैं ऊँची लहराऊँ।
पर मेरो हियरा डर डर जावे हैं,
कहूँ मैं कटूं और गिर न जाऊं।
पंछी बनू में उड़ूँ या गगन मैं,
डर है कटैं पँख, मैं गिर न जाऊं।
कबहूँ सोचूँ डिस्को में थिरकूं नचाऊं,
डर है न उंगली पै काऊ की आऊं।।
बच्चन ने मोकूं हंसवौ सिखाऔ,
करै मन मैं उनसी दौड़ लगाऊं।
उमर है चली तन ये मोकूं चितावै,
चलते ही चलते मैं गिर न जाऊं।

50. मेरी सोच

बहुत चाहौ न रक्खूं अपने मन को पीर कागज पै।
बनाई अँसुअन ते अब तेरी सूरत ये कागज पै।
तिहारौ चित्र रख के सामने जब मैं कहूँ मन की,
कि जैसें उतर आवे मीरा की सी पीर कागज पै।
कबहुँ गीत, कबहुँ गजल की सूरत में,
सजाय लेय हूँ मैं नए सपने इन नैनन में।
सपनेन में तिहारो हाथ लैकैं हाथन में,
बनाई है रिस्तेन की जंजीर कागज पै।
मेरे इसारेन कौ समझ जाओ तौ बेहतर है,
न लिख पाऔ मैं दिल कौ हाल कागज पै।
काऊ रांझा की चाहत जब कोउ हद पार करैगी,
कहानी हीर की बन कैं उभर आवैगी कागज पै।

51. नन्ही परी

कल तक ही जो नन्ही परी,
आज सयानी है गई।
कल तक जो उँगली पकड़ कै चली,
आज पंखन ते उड़वौ सीख गई।
कल तक जो रहती संग मेरे,
आज अकेलौ रहवौ सीख गई।
कल तक हर काम पूछके करती,
आज खुद फैसलो लेवौ सीख गई,
कछु और नायं बस इतनौ सौ है।
मेरी बिटिया सयानी है गई।

52. प्रेम गंगा

प्रेम गंगा जबही बहै,
तुम वामें गोता लगाय लेओ।
प्रेम दिवाने हैन्कैं तुम तो,
सबकूँ अपनौ बनाय लेओ।
मीरा सौ प्रेम प्रभु में पड़कैं,
जीवन अपनौ सँवार लेओ।
सबरी जैसे फल जूठे खबा,
राम कौ दरसन पाय लेओ।
कृष्ण बने अरजुन के सखा ,
तुम प्रभु कौं सारथी बनाय लेओ।
प्रैम की ऐसी शक्ति भरौ,
भक्ति में खुद कुं डुबाय लेओ।
प्रेम बिना नहीं कछु जग में,
जो सीखै बाय सिखाय लेओ।
माता पिता कौ लैकें असीस ,
ये जीवन पार लगाय लेओ।

53. मुस्कराके चल

राह पै चलनौ है तोय,
तो मुस्कराय कें चल।
ज़िंदगी यौं ही नायं मिली,
कदम-कदम गुनगुनाय कैं चल।
राह में फूल बिछे हैं मगर,
काँटेन ते दामन बचाय कैं चल।
काटें को बीनैगौ पथ ते,
तू उनकूँ फेंक उठाय कैं चल।
अपनौ परायौ सोच मती
सबकूँ गरे लगाय कैं चल,
रूढ़ौ बैठो जो तोते,
अपनौ बाय बनाय कै चल।
पथ पै चलनौ है जीवन के,
हँस कैं चल,मुस्काय कैं चल।।

54. पानी

मरौ काऊ की आँख कौ पानी,
कोऊ शर्म ते है गऔ पानी।
पानी की हैं ढेर कहानी,
कौन लिखै पानी पै पानी ?
++++++++++++++++++
मुस्काए में बहतौ पानी ,
अँसुआ बन कैं बहतौ पानी ,
जीनौ- मरनौ संग भाई के,
बिना मोल कौ बहतौ पानी।

55. याद तेरी

लो आय गई वाकी याद,
वो नाय आए।
दिल बोलत रहौ, गम को सिंगार करके,
अखियन हूँ थक गई इंतजार करके।
लो आय गई वाकी याद,
सासन कू हमारी है, वाई को है इंतजार,
वाईसे मिलवे कू, दिल है बेकरार।
चाँद सितारे हर पल चिड़ावत है मौकू,
हर पल बाई को ख्याल आवत है मौकू।
दिल के हर कोने मे बाकी तस्वीर है,
बाकी याद है दिल और कछु ख्याल नाय मौकू।।

56. कसिस प्रेम की

चले जो कदम मिलायकै तौ प्यार है जाय,
थमै जो हाथ तेरे हाथ ते, तौ प्यार है जाए।
जो रात आय ख्वाबन में,
तौ बातन ते प्यार है जाए।
जो जिक्र आय बातन में,
जो बातन ते प्यार है जाए।
प्यार ते ले जो मेरौ नाम,
नाय ते प्यार है जाए।
सुनी है, प्यार खूबसूरत,
जो रब ते प्यार है जाए।

57. दोस्ती

खिलै वो बहार है दोस्ती,
नींद कौ खुमार है दोस्ती।
रेशम सो नाजुक बंधन है ये ,
प्रकृति कौ दियौ उपहार है दोस्ती।
भीनी सावन की बौछार है दोस्ती,
महकी चाँदनी कौ सिंगार है दोस्ती।
केशर महकी क्यारी में मदहोश है दोस्त,
डगमगाती नाव की पतवार है दोस्ती।
+++++++++++++++++++++++++++
पहली घूँट चाय सँग अखवार है दोस्ती ,
काउ मंदिर मै गूँजती सितार है दोस्ती।
स्वाति नक्षत्र में चकवाकी प्यास है,
साँचे दोस्तन की तलबगार है दोस्ती।
होरी बाद रंगे गुलाबी गाल है दोस्ती,
दीपन की रोशनी ते लाल दोस्ती।
हरी मेहदी के पत्तन में छुलौ सौ रंग समझ,
बरसाती मौसम सी बबाल है दोस्ती।

58. नयौ पुरानौ प्यार

जितनौ नूतन प्रेम तिहारौ,
उतनी मन की प्रीत पुरानी,
कैसै या की रीत निभाऐं,
पतझर में कैसी अगवानी।।
तुमनें कितने ही नामन तै,
मेरौ नामकरन कर डालौ,
कबहुँ मधुर मधु केते किन्ही,
कबहुँ गरल कौ किन्हों प्यालौ।।
फिरहु रहे प्यासे के प्यासे,
तुमनैं प्रीत की रीत न जानी।
जीवन हाला सूखी ऐसै,
जैसे धूप सूखती ओस कौ पानी ।।
जितनौ नूतन प्रेम तिहारौ,
उतनी मन की प्रीत पुरानी।।
कैसै या की रीत निभाऐं,
पतझर में कैसी अगवानी।।
प्रेम की रही नदिया प्यासी,
सिंधु अधर मैं चूम न पाई।
तुम पागल बादल बन गरजे,
मैं मधुमासन झूम न पाई ।।
तुम दिन के कोलाहल जैसे,
मैं निः सब्द निसा की रानी।
एक संग कैसे रह पाए,

मन कौ मौन अधर की बानी ।।
एक दुराहे तै भटके तौ,
कितनै अन्धे मोड़ मिले हैं ,
जब भी पीछै मुड़कै देखौ,
बाजारू गठजोड़ मिले हैं ।।
जित्ती दूर दिखत है मंजिल,
उत्ती राह भई अजानी,
मंजिल तक कैसे पहुँचै,
गहरौ सागर नाव पुरानी ।।
जितनौ नूतन प्रेम तिहारौ,
उतनी मन की प्रीत पुरानी।।
कैसै या की रीत निभाऐं,
पतझर में कैसी अगवानी।।
कबहुँ कबहुँ मुस्कावै वारे ,
फूल भी सूल बन कैं कसकत हैं।
लहरन तै टकरावै वारे,
पत्थर धूर बने धसकत हैं।।
मैं मर्यादित धीर धरा सी,
तुमने तौ वेबस ही जानी ।
हिय मेरे में है अंगारे
नयनन में लज्जा कौ पानी।।
जितनौ नूतन प्रेम तिहारौ
उतनी मन की पीर पुरानी।।
कैसै या की रीत निभाऐं,
पतझर में कैसी अगवानी।।

59. सच्चा मित्र

भटकन कौ जो राह दिखावै ।
सुख दुख में जो साथ निभावै ॥
वो ही सांचौ मित्र कहावै ,
वो ही अपने मन कौ भावै ॥
जो अपने मन को हित है साधे ,
हमकू बस बचपन ते बाँचौ ।
अपनी जेब भरे की सोचै ,
वो स्वारथ कौ मित्र कहावै।
सोच समझ कै करौ मित्रता ।
बाते न जो काम गिनावै ,
रहयौ सदा अनमोल मित्र धन ।
अब कहाँ साचौ मित्र पावै ॥

60. बुढ़ापा

देखो-देखो कैसो आयौ बुढ़ापौ,
कैसे-कैसे रोग लायौ बुढ़ापौ।
नित दिन नजला जुकाम है होतो,
खांसत-खांसत, धुलू- धुलू करतौ।
एलर्जी हूँ पैर पसारे,
अगल-बगल खुजली हूँ निहारे।
हाथ- पाँव कांपै थर-थर,
ना चलते ना पकड़ हू पातै।
चाहे जीवन चाहे नातै।।

61. चिड़िया

बाबाजी देखो डाली पै,चिड़िया जे मुस्काती है,
रोज भोर ते पंख पसारे सबकौ गीत सुनती है।
छोटे-छोटे पंखन ते बादर में उड़ जाती है,
नील गगन कौ छीकै झटपट धरती पै आती।
बैठ डाल पै फल खाकै ये हमकौ क्यौ ललचाती,
बाबा जी देखो डाली पै चिड़िया जे मुसकाती है।
बाबाजी मेरी बात सुनौ मैं ऐसै ना ललचाऊँगी,
मोय हू देओ पंख मंगाय कै मैं हू उड़ जावेगी।
रोज-रोज सपनन में मेरे नन्ही चिड़िया आती है,
बाबाजी मेरी बात सुनौ मैं ऐसै ना ललचाऊँगी।
रोज-रोज मोते कहै सुन लो नन्हें-मुन्ने तुम,
कैऊ पीढिन ते डाली है इनकौ मत कटवाईयो तुम।
भोर सवेरे पास बैठकै हमकौ ये समझाती है।।

62. नई दुल्हन

जो आई अभी सजी संवरी, अरमानन की डोली में।

मुख पै हो लाज कौ पहरौ, चंदा मानौं बदरी ते झांक रह्यौ।

अधखुले अधरन पै मुस्कान खिलौ, आँखे सपनन ते भरी-
भरी।

पाँवन में नूपुर है बाज रहे, और खिली अलता की लाली।

कमरन में बाजत करधनी बोले, ज्यौ लक्ष्मी हौले -हौले उतर
रही।

करती या नये जगत में, सपनेन को सच है वे को इंतजार।

तभी अचानक कानन कौ छेदते, कडुए बोल पड़े सुनाई।

कि रूपइयन कौ ढेर नाँय लाई, विंध्यस की चिंगारी न करौ
ढेर।

जौ आई ही डोली में, ले के आँखन सपने हजार ,

चल दीन्ही अर्थी पै सज कै, कोई आँख नाँय भीजी।

सब पै यौ छायौ मौन, मानौ कोउ लक्ष्य भेदो है।

अगर यौ ही सब मौन धरेंगे तो कल,

बेटिन को डोली नाँय अर्थी पै भैजो जायेगे।।

63. संसार को व्यवहार

संसार के व्यौव्हार कौ मैं तोल रही है,
जहरीली हवान मैं सुगंध घोल रही हूँ।
ईमान बिक रहौ जहाँ राम-राम पैर,
मैं रावणेन की नगरी तें बोल रही हूँ।
नकली है मुखौटे चेहरेन की कहाक है,
मैं बेरुखी के आवरण ही खोल रही हूँ।
अम्बर में छाय रही है बंदरंग पतंगे,
मैं संग हवान के मस्त हो डोल रही हूँ।
संतन के चोलन दानवी कटार जिगर लिए,
चंगुल में नारिन के नैन खोल रही हूँ ।।

64. मजदूर

गरीब मजदूर समय तै हताश,
कबहु न मिलौ सुखी संसार।
कबहु-कबहु तो भूखेहू पेट सौनो परै है।
काम कै लियै इधर-विधर भागवौ परै है।।
कबहु शांति ते खुशी की साँस न ले पायौ।
दिन भर खून पसीना एक करकै बहायौ।
फिरहू दो जून की रोटी न जुटा पायौ।।
भोर अंधेरे काम पै निकर जावै है।
नौन रोटी गुड साथ ले आवै है।
थकौ हारौ घर देर रात आय पावै है।
फिरहू दो जून की रोटी न जुटाय पावै।।

65. आतौ न जातौ वक्त है

बस खडौ अपनी जगह पै आतौ न जातौ वक्त है।
हम सबन की उमर पै नम्बर लगातौ वक्त है।।
सत्य तो भूगोल है असली यही भूगोल है।
वक्त के इतिहास कौ पन्ना यही अनमोल है।
ठीक से पढ़ लेओ जाकौ जो बनाता वक्त है।।
क्यों कहैं हम पूरब में सूरज निकलतौ भोर कौ।
दौडकै पश्चिम दिशा वह डूब जातौ रात कौं।
सूरज तो अपनौ अडिग निशि- दिन जतातौ वक्त है।।
लोग कहते दिन रात यै उमर बढ़ती जाय रही।
वक़्त कहतौ यै घड़ी और घटती जाय रही।।

66. हमारौ न्यारौ मथुरा

हो हल्ला मचौ है मथुरा में ,
जाने का होयगौ आज।
कोलाहल हूँ मच गयौ,
कंस के काहेकू सज गए साज।
देवकी सृजन पीर मै रोयवै,
ईश्वर बचाय लियौ अब तो भरी लाज,
सात बेर में मात की उजरि गई कोख,
अबकी बेर हूँ नायं बचे लाल,
तो नाय होयगो दुख।
प्रभु कृपा ते कान्हा लियौ अवतार,
जाय लै बसुदेव चले नंद के द्वार।
जमुना आकुल है रहे अपने,
प्रभु के चरण पखारन कूँ,
तब छुऔ चरण जल जमुना का।
दिवस निशा मधुमास,
हर उपवन है गयौ हरौ भरौ,
हरि आयवै को है रहौ आभास।
राधा परम सक्ति बन बैठी,
प्रेम के वस कियौ मन पै प्रहार,
जीत गयौ जग बाँसुरी वारौ,
दुनिया गई वाये दिल अपनौ हार।।

67. जीने की कला

जीवन यदि महकानौ होय तौ,
यामै क्छु रसगंध भर लेओ।
कल कौ आज बनानौ होय तौ,
परस्पर कछु अनुबंध कर लेओ।
अग्नि परीक्षा चाहे जितनौ,
यहाँ लीन्ही जाएँ सीता की।
सपथ चाहै कितनी भी उठावै,
तिरस्कार के विष कौ हूँ तुम।
मधुपुरित मकरन्ध कर लेओ।।
बढ़ते जाओ पथ पै पथरीली,
हौ राहे कठिन कितनी ही।
मधुर हास होय अधरन पै,
उर में हौ कितनी ही आहे।
क्रंदन और रुदन पै अपने,
तुम कछु तो प्रतिबंध कर लेओ।।

68. हम भीतर जैसे थे

हम भीतर ते जैसे थे बाहर है वही दिखे।
फ़िरहू तुमने कबहुँ पहचानौ नाय सखै।।
बैल जुते कोल्हू में जैसे ऐसे काम कियौ।
जो कछु पायौ, सब कछु बेटा के नाम कियौ।
उड़त-उड़त या पंछी के अब है पंख थके।।
ज्यादा दूर चलने पैर थोड़ी साँस उड़त जाती।
कम बोलें,फिरहू या घर की त्यौरी चढ़ जाती।
शब्द लाँघते जबहू सीमा हम तौ सदाही वही झुकै।।
हमने अपने व्यवहारन मैं कबहु सौदा नहिं कियौ।
जहाँ उचित हो वहाँ सदा है दोनों हाथ दियौ।
पूरी दुनिया व्यौपारी है पर हम फिरहु नाँहि बिकै।।

69. परछाई

चारौं लंग छाय गई गम की गहराई,
खोई सी खुसी बस आँख भर आई।
चलाय रहे बिन सोचे अजानी गैल पै,
खोई गई मंजिल राह में छाई धुंधलाई।
कहवे कूँ संग चलत है लोगन कौ मेला,
बाहर है भीड़ भीतर हिय में है तन्हाई।
चेहरे पै पुर्त दर पुर्त रंग चढ़ जामै,
बुझी- बुझी मुस्कान पै छाई परछाई।
लोग मिलत है हंसि- हंसि गम छिपावत है,
बेबफा जीवन कूं न नैंकू सरम आई।
खुले गगन में उड़त पतंग सौ डरपत है मन,
कहाँ- कहाँ हमारै करमन की डोर उलझाई।।

70. मजबूरी

मजबूरी आज कौ रंग दिखाय गई,
हँसवे की कोशिश हर दम रुलाय गई।
आसमाँ ते गिर खजूर में रहै अटके,
रुके रहवे को आस जमीन पै आय गई।
या तरह चूर चूर अरमान है गए ,
यै बंदगी हूँ का रंग दिखाय गई।
अपनेन कौ सायौ भयौ दूर तौ रौये,
येही भावना हमें पल -पल हिलाय गई।।

71. रिश्ते नाते

टूट रहै सब रिस्ते- नाते,
जुर गई अब घर में दीवार।
अब तो ऐसों लगै है मोकूं,
टूट जायें सब परिवार।
काऊ में है नायं अपनौपन,
जबते घर में उठीं दीवार।
ऐसौ लग रउ अब तौ मौकूं,
टूट गयौ अब सब संसार।
भाई -भाई आपस में लड़,
संमन्धन की कदर न करते,
ऐसौ लगै है अब तो मौकूं,
टूट गए सब रिस्ते-नाते।
लक्ष्य खोय गयौ दिशा खोय गई,
भटक गयौ है अब युवा हमारौ।
रामराज्य कौ सपनौ टूटौ,
वैसौ है गउ हाल हमारौ।।

72. बदनाम

कटौ कौऊ या तरह बेजुवान,
खून सिगरौ नाली में बह गयौ।
कौऊ पत्थर दिल हौ इतनौ,
देख खून वौ ईद मुबारक कह गयौ।
कहूँ बहतौ है पानी,
कौऊ दुग्धाभिषेक कुं गुनाह कह गयौ।
जो कत्ल करे गाय और भैंसन कौ,
वाकौ पूरौ ईमान बह गयौ।
करी हर कौम नै जवालत,
हिन्दू दूध पानी में बदनाम है गयौ।।

73. हम तो बस बिहारी के

राधा केश सुखाय रई, नीचे खड़ी अटारी के,
बंसी के सुर कान परे जैसैं हौं वार कटारी के।
सखियन ने देखो तो पूछौ तेरे मन कौ कौन है चोर बता,
बोली चौरन कौ सिरमौर है वो हम है रमण बिहारी के।।
++
हम है रमन बिहारी के सिगरौ जग जाकौ दिवानौ है,
वाकी दया कौ बस मिल जावै हमकूं अनमोल खजानौ है।
जग के सिगरे बंधन झूठै वाके नेह गेह कौ का कहनौ,
वाकी खातिर जीनौ है मोकूं वाकी खातिर मर जानो है।।

74. सूना सावन

सूनौ सूनौ ये मन मेरौ,
जाने कितनौ दर्द सहै रे।
प्रियतम तेरी राह ताकते,
है गए अब तौ दिन बहुतेरे।
तैनें कबहु न समझी हिय की,
तेरी सुध अब मोकूं घेरे,
करुण स्वरन में सिसकूं दिन भर,
कितने गीत कराहे मेरे,
है गए अब तो दिन बहुतेरे।
कछु-कछु मैं लिखकें रुक जाऊं,
थक गई मै तौ सांझ सबेरे,
पूरौ भयौ न एकहू सपनौ सब रह गऎं अधूरे,
नयन बहतें भर- भर कै आयैं ,
जैसे उमड़ै जलद घनेरे,
कैसे कहूँ दिन रात कटैं कैसे काटे साँझ -सबेरे,
पपीहा बन दिन-दिन मैं तरसूं,
उखड़ी साँसन के है डेरे।
पंचतत्व में मिल न जाऊं,
आ मिलबे, मे भय मन मेरे।।

75. प्यार भरी बात

अमावस की रात औ बौ प्यार भरी बातें,
नदिया को किनारौ वो चाँदनी की रातें।
बर्फ तै भरी हवान की चुभन,
पिया की बांहन कौ आलिंगन।
न बोल पाते काँपते होंठ,
मानो कछु कहवै कूं हौं बेताब ,
वो प्रेम भरी बातें।
गर्मी में हौं काँपती कंचन काया,
सपनेन मै लरजते अधरन की छुअन।
लाज के बोझ से दबी वो पलक,
मन के कोने में धड़कै धड़कन।

76. खुसी

आज मेरी खुसियन कूं पर लग गए,
सच पूछौ तो जीवै के बहाने मिल गए।
कबहूँ सोचौ नाय हौ कि ऐसौ होयगौ।
आज तो हँसवे के बहाने मिल गए।
कबहूँ डूबी जाय रही यै ज़िंदगी लहरन में,
आज वा ज़िंदगी कूं सहारे मिल गए है।
दर्द मिलौ ज़िंदगी तै रोवत रहै हम,
पर देखौ दिल तारन हारे मिल गए।
हम कदम तौ बहुत हम सफर न मिलै ,
अब उषा कूं मानौ सितारे मिल गए।

77. तन्हाई

तन्हाई मोये सताबै तो मैं का करूं,
तेरौ प्रेम मोयै रुबाबे तौ मैं का करूं।
किताब खोलूं तौ तू नजर आवै,
अकेली बेठूं तो तेरो ख्याल ही सतावै।
रात चाँदनी जरावै तौ मैं का करूं।
रात में तारे करै कैसे सवाल है,
प्यार करकै गोरी भई क्यौं बदनाम,
ये बदनामी भी लागे प्यारी तो मैं का करूं।
तेरौ नाम लै सखियाँ मोहे जतायैं,
दूर रहे पर यादन में आबै तौ मैं का करूं।।

78. आसरा

काउ गैर कौ आसरौ बन गए हौ,
सायद सनम तुम खुदा बन गए हौ।
तरसती है दीदार कूं अब निगाहैं,
उठत है हर गम मेरे दिल से आहें
मेरी मुहब्बत की हिय सदा बन गए हौं।
लबन पै क्यों खामोसी सी सजी है,
आँखों में तिहारी सूरत बसी है,
मेरी छुअन की तुम जुबां बन गए हौ।
तिहारे लऐ मैंने ये जहाँ हू छोडौ,
फिरहु तुमनै ऐसैं क्यों मुहँ कूं मोड़ौ,
पूरी न हो वो दुआ बन गए हौ।

79. रूप कौ श्रंगार

काहे लिएं तुम रूप कौ सिंगार चाहौ,
प्रेम हूँ तुम प्रेम की पहचान हूँ तुम।
रूप ते ही प्रेरना मिलती हृदय कूं,
वा हृदय ते प्रेम की झंकार चाहौ,
तान जाकी तुम स्वरण कौ मान हू तुम।
चल रहौ है यान जीवन कौ बराबर,
सांथ है नदियाँ फिरहूँ है क्षुब्ध सागर,
तुम काउ मंझधार ते उस पार चाहौ,
सिंधु हौ तुम सिंधु कौ तूफान हू तुम।
का प्रगति की चाह में आगे बढ़े है,
का समय की धूर मैं बेबस गढ़े हैं,
क्यों कौऊ पदचिन्ह का उपहार चाहौं?
राह हौ तुम लक्ष्य कौ वरदान हौ तुम।
मूर्ति कूं ये रूप तुमने ही दियौ है,
ठोकरन ने हू न पाए मोय तुम पर,
अर्चना कौ क्यौं भला अधिकार चाहौ,
तुम अहिल्या भक्त भी और राम भी तुम।।

80. डर है

डर है नायं काउ सरेआम लिख दियौ है,
बात खास कूं समझ आम लिख दियौ है।
कैसैं जुदा करिंगे हमकूं ये दुनियावारे,
दोऊ हथेरिन पे तेरो नाम लिख दियौ है।।
+++++++++++++++++++++++++++++++
और कित्तौ सताओगे कह देयों सनम,
प्रेम कित्तों निभाओगे कह देयों सनम।
जा तरह मौन रहबौ बुरी बात है,
दिल ते दिल कब मिलाओगे कह देयों सनम।।

81. बृज की बाला

हरेक आँखन की किस्मत में हंसिन मंजर नाय हौतौ,
जो घर कौ छौड़ जावत है फिर उनकौ घर नाय हौतौ।
ये सोने और चाँदी के सब जेवर तो है नकली,
लाज से बढकैं औरत को कौउ,जेवर नाय हौतौ।
++
रहूं मैं मस्त भक्ती मैं, जपूं बस नाम की माला,
जलाऊ दीप गोघृत के, आउ तुम नंद के लाला।
निहारूं राह मैं तेरी भलैं कै जनम लै आऊं ,
मैं बृज की बासिनी बन कैं रहूं तेरी मैं बृजबाला।।

82. सूरज

सूरज ते होवै है जग रौशन,
सूरज ही है सबकौ सहारौ।
करौ कल्पना गर सूरज न होतो,
तो छायौ रहतौ सब जग अधियारौ ।
कैसे जरूरी काम ये होते,
कैसे देश परिवार है चलतौ।
कैसे सब मजदूरी करते,
कैसे गरीब को पेट है भरतौ।
सूरज की किरनौ से,
न जाने कितने काम है होते।
पशु-पक्षी पेड़ पौधे जीव जन्तु सूरज की ऊर्जा से बनते,
सूरज की ऊर्जा से ही बनते शक्तिमान है।
सच है सूरज कौ तेज है बडौ महान,
बनातौ है सबके बिगरे काम ।।

www.ingramcontent.com/pod-product-compliance
Lightning Source LLC
Chambersburg PA
CBHW031448150726
47990CB00007B/2658